NATIONAL GEOGRAPHIC

Peldaños

MATERIA CONFUNDIDA

Milo, Simón y la SUSTANCIA QUE LADRABA

por Allan Woodrow
ilustraciones de Aaron Blecha

CIENCIA EXTRA

Milo estaba en el laboratorio de ciencias de su habitación cuando ajustó sus lentes de seguridad Durasee 3000 superseguros a prueba de empañamiento. Estos lentes de tecnología avanzada lo protegían contra todo, incluso del ácido de las pilas. Milo no escatimaba en gastos cuando se trataba de equipos de laboratorio. La seguridad en el laboratorio es importante para los científicos, y Milo era todo un niño científico. Hasta tenía un cartel en la pared: *Científico de 10 años más inteligente del mundo.* Se lo había hecho su madre.

Milo se puso su delantal de laboratorio y un par de gruesos guantes de seguridad.

—Hoy —dijo—, ¡haremos historia!

Simón, el mejor amigo de Milo, observó la masa azul que burbujeaba en un frasco. Simón también se puso los lentes de seguridad porque le gustaba ayudar a Milo con los **experimentos.** Luego empujó suavemente el frasco.

—Eso no parece historia —bromeó Simón—. ¿Qué es?

—Es una simple combinación de almidón líquido y pegamento. Solos son muy comunes, pero mezclados producen otro tipo de **materia,** llamada *sustancia pegajosa.*

Simón desconfiaba. Sabía que Milo nunca hacía experimentos simples.

—También agregué unos cuantos ingredientes secretos, que han causado cambios en las **propiedades** físicas de la sustancia. —Luego Milo sostuvo un frasquito que contenía algo velloso. —¡Este es el último ingrediente!

—¿Eso es pelo?

—Se los saqué a Bigotes, el perro del Sr. Farfel. La sustancia simple rebota, se amolda y se estira, ¡pero esta materia también se sentará, rogará y hará trucos! ¡La llamo Perrito Bobo!

—Parece una muy mala idea.

—¡Tonterías! —exclamó Milo—. Todo es en nombre de la ciencia.

Milo revolvió los pelos de perro en su mezcla mientras Simón observaba con nerviosismo. Todo esto no le gustaba nada. Los experimentos de Milo solían salirse de control.

La sustancia se sacudió, jadeó y casi sale saltando de su frasco. —Creo que debemos detener esto —dijo Simón. —Entonces la mezcla comenzó a expandirse y unos cuantos pelos de perro salieron de repente. Pero luego la sustancia no hizo nada.

—Supongo que eso no estuvo tan mal —dijo Simón suspirando con alivio.

Simón sacó el Perrito Bobo del frasco, formó una pelota con él y lo hizo rebotar. Luego formó un perro.

—Supongo que me preocupaba por nada —dijo.

Milo se rascó la cabeza y se ajustó los lentes de seguridad. —No entiendo. Según mis cálculos, la sustancia debería sentarse y rogarnos que le prestemos atención.

—Quizá necesita un bocadillo para perros —sugirió Simón—. A los perros les encanta hacer trucos por bocadillos.

—Es una excelente idea, pero no tengo bocadillos para perros —dijo Milo.

¡BOING!

¡BOING!

La gata del vecino maulló. Pelusa había estado observando desde la ventana.

—La ahuyentaré —dijo Simón.

—¡No! ¡Detente! —gritó Milo, pero ya era tarde. Simón abrió la ventana, la gata maulló y Perrito Bobo ladró.

Luego, Perrito Bobo se puso de pie sobre sus cuatro patas pegajosas y saltó por la ventana.

—¡Vamos detrás de él! —gritó Milo.

Bajaron las escaleras corriendo y salieron al patio por la puerta. Pelusa se sentó en la rama alta de un árbol. Perrito Bobo ladraba y gruñía desde abajo. La gata parecía estar disfrutándolo, recostada y a salvo en el árbol.

Simón intentó agarrar a Perrito Bobo, pero la sustancia era resbalosa. Se le escurrió de las manos.

Milo y Simón persiguieron a Perrito Bobo alrededor del árbol mientras Pelusa estaba sentada y miraba desde arriba.

El Sr. Farfel pasó caminando con su perro, Bigotes. Ambos se detuvieron a mirar cómo los dos niños perseguían a la sustancia pegajosa alrededor del árbol.

Bigotes ladraba con entusiasmo y luego salió disparado hacia el árbol. La correa se zafó de las manos del Sr. Farfel. El perro y Perrito Bobo gruñían, ladraban y corrían juntos alrededor del árbol.

Pero el Sr. Farfel estaba preparado para esas emergencias. Sacó un puñado de bocadillos para perros y se los ofreció a Bigotes, que vino corriendo rápidamente.

Simón también tomó unos bocadillos del Sr. Farfel. Perrito Bobo no vino tan rápido, pero finalmente olfateó los bocadillos y se olvidó de Pelusa.

Simón levantó a Perrito Bobo y Pelusa bajó de un salto del árbol. La gata sacó la lengua. Perrito Bobo ladró, se retorció y rogó, pero Simón lo sostuvo con firmeza.

—Es bastante nervioso para ser un montoncito de sustancia pegajosa —dijo.

Milo le sacó unos cuantos pelos a Pelusa antes de que se fuera corriendo. —Estos pelos servirán —dijo—. Volvamos a mi laboratorio. Tengo una idea que creo que debemos probar.

¡BOINK!

La sustancia pegajosa borbotó y burbujeó en su frasco. Simón respiró profundamente ahora que todo estaba bajo control.

—Agregar pelos de perro fue un error —dijo Milo—. Los perros tienen demasiada energía, pero los gatos son más tranquilos. —Milo sostuvo los pelos de gato y los dejó caer en la mezcla. —Esta materia nueva tendrá algunas de las propiedades de un gato. Podemos llamarla Gatito Bobo.

Simón sacudió la cabeza. Esta idea le parecía aún peor que la primera.

—El proceso llevará unos minutos. Comamos algo abajo —dijo Milo—. La ciencia siempre me da hambre.

Simón siguió a Milo por la puerta y le echó una última mirada a la mezcla burbujeante.

Cuando cerró la puerta, no vio al ratón que corría sobre el escritorio. Tampoco vio cómo la sustancia pegajosa se escurría fuera del frasco relamiéndose.

Compruébalo   ¿Qué hizo que la sustancia pegajosa actuara primero como perro y luego como gato?

13

CÓMO HACER ESTA SUSTANCIA

por Stacey Klaman
ilustraciones de Aaron Blecha

¿La sustancia pegajosa es un sólido o un líquido? ¡La sustancia pegajosa es bastante particular! Tiene **propiedades** que ayudan a que actúe como un sólido y un líquido a la vez. Como líquido, la sustancia pegajosa toma la forma del recipiente que la contiene. Se escurre y también fluye. Como sólido, la sustancia pegajosa puede conserva su propia forma. ¡Sigue este procedimiento para hacer tu propia sustancia pegajosa!

QUÉ NECESITAS

Taza de medir, $1\frac{1}{2}$ tazas de agua tibia

Pegamento multiuso (botella de 8 oz)

Tazón grande para hacer la mezcla

Guantes de goma

Cuchara

Vaso de plástico

Bolsa con cierre

1 cucharadita de polvo de bórax

Colorante para alimentos (opcional)

14

PASO 1

Vierte el pegamento en el tazón para hacer la mezcla. Llena la botella de pegamento vacía con 1 taza de agua tibia. Vuelve a taparla. Agita la botella. Saca la tapa y vierte el agua en el tazón. Revuelve la mezcla con una cuchara.

PASO 2

Si no quieres que tu sustancia pegajosa sea blanca, entonces prueba un **experimento** con tu colorante para alimentos favorito. También puedes usar la tabla para mezclar un color. Los números muestran aproximadamente cuántas gotas debes usar.

MEZCLAR COLORES

TONOS	⬤	⚪	⬤	⬤
Turquesa	–	–	8	2
Marrón	14	8	–	4
Uva	10	–	2	–
Lima	–	6	–	2
Pistacho	–	2	–	8
Naranja	4	6	–	–
Durazno	2	4	–	–
Salmón	6	4	–	–

PASO 3

En el vaso de plástico, mezcla $\frac{1}{2}$ taza de agua tibia y una cucharadita de polvo de bórax. Revuelve la **solución.** Disuelve tanto polvo como puedas. Luego, revuelve lentamente la solución de bórax en el tazón que contiene pegamento y agua.

PASO 4

Cuando tu sustancia pegajosa ya no parezca ni se sienta como un líquido, tómala. Amasa o exprime la sustancia pegajosa con las manos. Hazlo hasta que se sienta seca. Cuanto más amases tu sustancia pegajosa, menos pegajosa será. Cuando termines, la sustancia se sentirá firme. Debe sentirse gomosa, no quebradiza.

Guarda tu sustancia pegajosa en una bolsa con cierre en el refrigerador. Esto evitará que se forme moho.

¿QUÉ SUCEDE?

Las soluciones de pegamento y bórax son líquidas. Pero cuando agregas la solución de bórax a la solución de pegamento, se forma un material nuevo con su propia serie de propiedades físicas. A veces, este material nuevo parece un líquido y otras veces parece un sólido. Por ejemplo, si te pones sustancia pegajosa en la mano, permanecerá firme como un sólido. Pero después de unos momentos perderá su forma ¡y se escurrirá sobre tu mano como un líquido muy espeso!

¿QUÉ PUEDES HACER CON LA SUSTANCIA PEGAJOSA?

Puedes darle la forma de un animal o hacerla rebotar como una pelota. Puedes estirarla o rasgarla. Puedes hacer muchas cosas con la sustancia gracias a sus propiedades poco comunes.

Compruébalo ¿Cuáles son algunas de las propiedades físicas de la sustancia pegajosa?

Milo, Simón y la ERUPCIÓN GIGANTE

por Allan Woodrow

ilustraciones de Aaron Blecha

Milo, el niño científico, ajustó sus lentes de seguridad Durasee 3000 superseguros a prueba de empañamiento, se puso el delantal de laboratorio e inhaló profundamente. Su madre estaba cocinando la cena en la cocina. Milo tenía hambre, pero tenía que hacer **experimentos** importantes.

—¡Estaremos afuera, mamá! —gritó Milo.

—¡No te metas en problemas! —le contestó su madre.

—¿Quién?, ¿yo? —preguntó Milo. Simón, el mejor amigo de Milo y su ayudante de laboratorio, sacudió la cabeza. Los experimentos científicos de Milo siempre causaban problemas.

—Hoy he construido un volcán de mentira —dijo Milo—. Cuando se **combina** bicarbonato de sodio con vinagre y un poco de detergente para platos, se produce un gas, aumenta la presión y... ¡BAM! ¡Una **erupción** instantánea!

—¿Así funcionan los volcanes de verdad? —preguntó Simón.

—Algo así, pero también es distinto. Un volcán de verdad arroja lava ardiente. Esta lava es perfectamente segura y sencilla.

NO LO INTENTES EN CASA

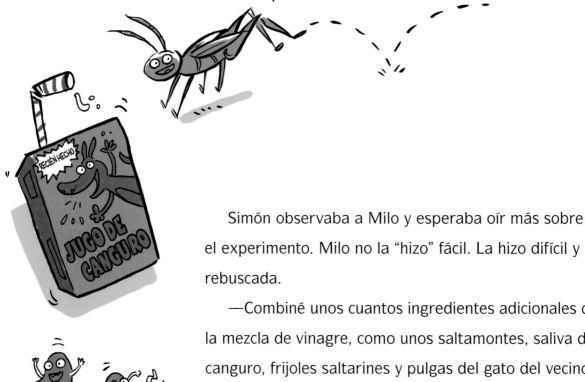

Simón observaba a Milo y esperaba oír más sobre el experimento. Milo no la "hizo" fácil. La hizo difícil y rebuscada.

—Combiné unos cuantos ingredientes adicionales con la mezcla de vinagre, como unos saltamontes, saliva de canguro, frijoles saltarines y pulgas del gato del vecino. Todas esas cosas saltan, así que la lava erupcionará muy alto. También agregué combustible coloreado para cohetes para darle un refuerzo a esta **propiedad.**

—Parece una mala idea —dijo Simón nervioso.

—Es una gran idea, ¡y todo es en nombre de la ciencia! —dijo Milo.

Milo vertió una caja de bicarbonato de sodio en el volcán ficticio. Luego, tomó el envase de un galón de lava poderosa y lo sostuvo sobre la abertura.

—Quizá solo debas verter un poco al principio —sugirió Simón, y dio un paso atrás—. Más vale prevenir que lamentar.

—Buena idea —dijo Milo. Inclinó el envase y derramó unas cuantas gotas. La mezcla se disparó diez pies hacia arriba.

—¡Eso fue increíble! —gritó Simón mientras aplaudía.

—¡Imagina qué sucedería si echo el resto! —dijo Milo mientras sostenía el envase.

Simón sacudió la cabeza. —No, solo pon un poco más. Más vale prevenir que lamentar, ¿recuerdas?

Milo suspiró y echó un poco más dentro del volcán.

Instantáneamente, un relámpago rojo se disparó al aire, cada vez más alto. Salpicó la ventanilla de un avión que volaba en el cielo sobre ellos.

—¡Tenemos que verterlo todo! —dijo Milo.

—No creo que debamos —advirtió Simón—. Recuerda: más vale prevenir que lamentar.

—¿Qué es lo peor que puede suceder? —preguntó Milo. Simón no respondió, pero se le ocurrieron muchas cosas.

Milo agregó una nueva caja de bicarbonato de sodio y volcó el envase. El líquido rojo brillante brotaba adentro.

No sucedió nada. Milo se rascó la cabeza, se ajustó los lentes de seguridad y tiró ligeramente de sus guantes. Se inclinó sobre el volcán y observó el interior.

—Veo cómo burbujea la lava poderosa, así que parte de las propiedades de la mezcla deben estar cambiando. ¿Por qué no hay una erupción?

Justo en ese momento, la lava superpoderosa explotó y
salió disparada hacia el cielo. Se llevó a Milo consigo.

Milo pasó a un ave, sabía que era una cigüeña de bosque
común. Como científico, Milo sabía todo sobre los animales.

—¿Qué haces aquí? —dijo Milo—. Tu especie vive más cerca
del agua.

La cigüeña no respondió. En cambio, chirrió con ira.

Pero la lava poderosa no se detuvo. Se remontó más alto aún, pasó las nubes y llegó al espacio. Milo estuvo a punto de chocar contra un astronauta. El niño científico resistió un momento en el espacio, sonrió y saludó. Luego comenzó a caer.

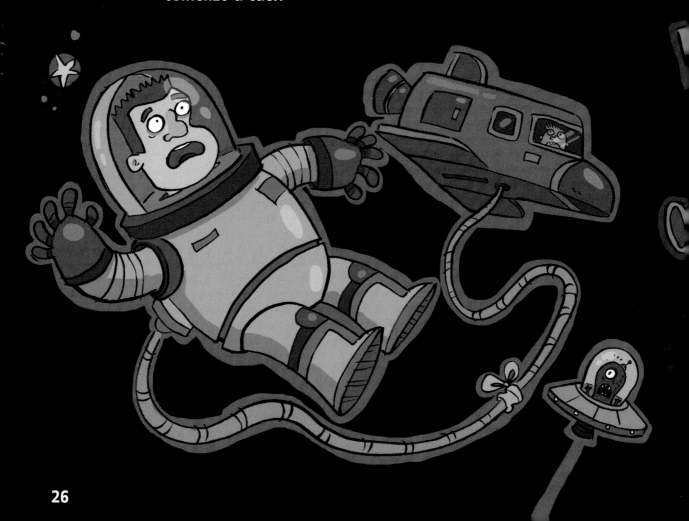

Es difícil imaginar la velocidad a la que caía Milo. Pudo descubrir su velocidad pensando en su peso, el viento y otros factores, pero eso no lo iba a ayudar a caer más lento. Esperaba que algo lo desacelerara pronto. Si no, se iba a desintegrar contra el suelo.

Milo pasó por las mismas nubes que había visto cuando subía, y también vio a la misma cigüeña de bosque. Milo se agarró a la pata del ave y la cigüeña chirrió y aleteó. No detuvo la caída de Milo, pero lo desaceleró. La cigüeña aleteó cada vez más rápido, y Milo cayó cada vez más lento. Luego, Milo aterrizó suavemente en el suelo junto a Simón.

Simón cerró la boca, que había tenido abierta por la conmoción todo el tiempo. —¿Estás bien?

—Mejor que nunca —dijo Milo, y se despidió de la cigüeña. —¿Quieres ir al espacio, Simón?

—¡No! —dijo Simón mientras sacudía la cabeza de un lado a otro—. Además, no hay más mezcla de lava.

—Bueno... quizá quede algo —dijo Milo.

—¿Dónde está? —preguntó Simón mientras miraba para todos lados.

—La dejé en la cocina —dijo Milo.

Dentro de la casa, la madre de Milo cocinaba la cena. De la olla burbujeante salía vapor. Olía delicioso. La madre de Milo quiso tomar la sal, pero no veía entre todo el vapor. En cambio, tomó el bicarbonato de sodio y lo agregó a la olla.

Luego vertió la salsa de tomate. Bueno, al menos lo que creía que era salsa de tomate.

—Creo —jadeó Simón—, ¡que tu mamá encontró la lava!

La madre de Milo gritó desde la casa: —¡Milo, estás en graves problemas!

Milo se ajustó los lentes de seguridad superseguros y se quitó los guantes de hule. —Todo en nombre de la ciencia — dijo, y tragó saliva.

Compruébalo ¿Qué hizo que el modelo de volcán de Milo entrara en erupción?

Comenta Personajes, cuentos y procedimientos

1. Habla sobre alguna de las maneras en las que crees que estas tres lecturas del libro se relacionan.

2. Compara y contrasta los dos cuentos sobre Milo y Simón. ¿Qué error cometió Milo en sus dos experimentos? ¿Por qué fueron importantes?

3. En "Cómo hacer esta sustancia", ¿por qué es importante seguir los pasos en orden? ¿Qué crees que puede suceder si se siguen los pasos en otro orden?

4. ¿En qué se parecen y se diferencian Milo y Simón? ¿Cómo podrían haber cambiado los sucesos del último cuento si Simón hubiera estado a cargo?

5. ¿Qué te sigues preguntando sobre cambiar o mezclar materia? ¿Cuáles serían algunas buenas formas de encontrar más información?